AF283138

Pastelería: postres para restauración

avanza editorial

Editado por:
EDITORIAL FAE, S.L.U.
Correo electrónico: editorial@editorialfae.com

Pastelería: postres para restauración
Javier Sainz Sánchez

1ª Edición

Se ha puesto el máximo empeño en ofrecer a la persona lectora una información completa y precisa. Sin embargo, Editorial FAE, S.L.U., no asume ninguna responsabilidad derivada de su uso ni tampoco de cualquier violación de patentes ni otros derechos de terceras partes que pudieran ocurrir. Esta publicación tiene por objeto proporcionar unos conocimientos precisos y acreditados sobre el tema tratado. Su venta no supone para el editor ninguna forma de asistencia legal, administrativa o de ningún otro tipo.

Reservados todos los derechos de publicación en cualquier idioma:

De conformidad con lo dispuesto en el artículo 270 del Código Penal vigente, ninguna parte de este libro puede ser reproducida, grabada en sistema de almacenamiento o transmitida en forma alguna ni por cualquier procedimiento, ya sea electrónico, mecánico, reprográfico, magnético o cualquier otro, sin autorización previa y por escrito de Editorial FAE, S.L.U.; su contenido está protegido por la Ley vigente, que establece penas de prisión y/o multas a quienes intencionadamente reprodujeren o plagiaren, en todo o en parte, una obra literaria, artística o científica.

ISBN: 978-84-1135-273-4

Impreso en España

Presentación

Ficha técnica del curso

El presente manual desarrolla el contenido teórico de la acción formativa "Pastelería: postres para restauración" incluida en FUNDAE con código HOTR0038 en la familia profesional de Hostelería y turismo dentro del Área Profesional de "Restauración".

La Acción Formativa cuenta con una duración de 20 horas y su contenido está estructurado en un módulo formativo que se distribuye según lo expuesto en el siguiente índice.

Presentación

Índice

Módulo 1. Pastelería: postres para restauración

Aplicaciones prácticas

Ejercicio de evaluación final

Solucionario

Bibliografía

Módulo formativo 1. Pastelería: postres para restauración

Introducción

En este módulo formativo se van a aprender las principales elaboraciones que culminan un buen menú: los postres. Se trata de uno de los platos más esperados, pues suelen contener un sabor dulce del que gusta terminar en boca.

Existen muchos tipos de postres, desde elaborados pasteles o derivados lácteos, pasando por frutas de temporada o en almíbar. La elección de uno u otro estará determinada por la idoneidad y armonización con los platos que le preceden y en algunos casos con la bebida que se esté consumiendo en ese momento; por ejemplo, un flan de queso con un Pedro Ximénez.

Los postres son un tipo de elaboración que se podría encuadrar dentro de la pastelería y repostería y en muchas ocasiones suelen ser platos elaborados y finamente presentados para gusto del comensal.

Objetivos

- Elaboración y presentación de postres, utilizando equipos y máquinas útiles en repostería, observando las normas y siguiendo los procedimientos adecuados.
- Conocimientos sobre almacenamiento de postres en restauración y la mejor forma de conservarlos.
- Conocer aquellos elementos que se deben utilizar para poder decorar el plato y mejorar su presencia.

1. Adquisición de habilidades de aprovisionamiento y organización de materias primas propias de una despensa básica de pastelería

El aprovisionamiento y organización de las materias primas en un restaurante es la parte que requiere más trabajo y exactitud, ya que de ello depende el buen funcionamiento del mismo.

A ello se une la periodicidad con la que hay que llevarlo a cabo para que siempre exista la materia prima adecuada para dar respuesta a la demanda de los clientes.

Así, a la hora de deducir las necesidades de géneros hay que tener en cuenta una serie de conocimientos y habilidades prácticas en el realizado de órdenes de pedido, organización de materias primas y en el aprovisionamiento de producto.

Este tipo de conocimientos pueden ser enseñados en escuelas especializadas o aprendidas durante un periodo de prácticas por parte de los trabajadores/estudiantes.

Fig. 1. El almacén de productos debe tenerse controlado para conocer el stock mínimo necesario en el negocio

Puede decirse que los dos sistemas para detectar las necesidades en un restaurante tanto en materia prima y producto, como en maquinaria son el relevé y el inventario.

El inventario es un factor muy importante, ya que debe analizarse la variabilidad de productos ofertados por los proveedores, los cambios de precios en los mismos, su disponibilidad…

Esta información es esencial, porque permite encontrar ideas de abastecimiento que hagan frente a posibles cambios de la índole descrita. Dentro del inventario se utilizarán varios medios que nos permitirán mejorar la organización y el aprovisionamiento de las materias primas:

- **Método FIFO:** Este método se basa en la idea de que lo primero que se recibe en el almacén, es lo primero en salir para su uso. El precio que se marcaría para sería el del producto más antiguo, hasta agotarlo y comenzar con una partida nueva de ese producto.
- **Método LIFO:** Lo último en entrar es lo primero en salir. El precio que se estipularía sería el de la última entrada del producto saliente.
- **Media ponderada:** Se halla el precio medio por medio de las unidades adquiridas y con el precio de las mismas. Esta media es la que da una información más fidedigna del producto en sí.

1.1. Harina y sus distintas clases y usos

Se trata de un producto hecho polvo fino que se crea a partir de cereales molidos, que presentan la característica de poseer almidón. En algunas ocasiones se pueden emplear otros ingredientes como legumbres o semillas para su elaboración.

Vocabulario

El **almidón** es una macromolécula que está compuesta por dos polímeros distintos de glucosa, la amilosa y la amilopectina. Es el glúcido de reserva de la mayoría de los vegetales. Gran parte de las propiedades de la harina y de los productos de panadería y repostería pueden explicarse conociendo las características del almidón.

Se puede decir que según esté o no refinado el grano, la harina tiene dos tipos:

- **Refinada:** Se le quita la fibra y con ello, se eliminan fibra, vitaminas y minerales. La masa que se forma con su uso tiene unas peculiaridades a la hora de trabajarla.
- **Integral:** Posee toda la fibra y el grano íntegro, con lo que, tiene más fibra, vitaminas y minerales.

Fig. 2. La harina refinada presenta un color blanco puro y un grosor muy fino, ideal para ciertas recetas como masas de pizzas

Por su parte, existe una proteína en los cereales que puede causar intolerancia. Se trata del gluten causante de la enfermedad celíaca, una intolerancia que causa vómitos, diarreas y malestar en aquellas personas que son sensibles a la misma.

En la actualidad se están elaborando productos que carecen de la misma o que son sustituidas por otras harinas que carecen de esta.

 **Saber más**

La celiaquía se caracteriza por una inflamación de la mucosa del intestino delgado como consecuencia de una intolerancia inmunológica y permanente al gluten ingerido de la cebada, del trigo, el centeno y, en aquellos que tienen predisposición genética a sufrir la enfermedad, también a la avena.

Para su elaboración se emplean molinos que machacan los granos de cereal. Estos pueden funcionar por piedras o por ruedas de acero, movidos mecánicamente a través de viento, ríos, combustible, etc.

Por norma general, el salvado es eliminado, así como aleurona y embrión, con las consiguientes pérdidas nutricionales. De entre todos los tipos que hay, se pueden clasificar con gluten y sin gluten.

Entre los tipos con gluten se encuentran:

- **Harina de trigo:**
  - o Es la más común y suele ser consumida refinada.
  - o Se emplea para la elaboración de todo tipo de productos: pasteles, dulces, bollos, masas, etc.
  - o Posee cantidades moderadas de fibra, vitaminas y minerales, así como proteína y grasas.

- **Harina de centeno:**
  - o Empleada para la elaboración de panes que no suben, consistentes, galletas poco azucaradas, etc.
  - o Puede ir en combinación con la de trigo y es más rica en nutrientes que esta.
  - o Amarga un poco, con lo que se emplea más para masas y panes.

- **Harina de avena:**
  - o Es un cereal muy nutritivo y la harina es bastante empleada en repostería.
  - o Las masas o panes elaborados con esta harina no suelen subir mucho.
  - o Empleada para gachas, crepes, magdalenas, etc.

- **Harina de cebada:**
  - o Se obtienen elaboraciones muy densas.
  - o Se puede mezclar con otras harinas.
  - o Su versión integral aporta muchos nutrientes.

Por otra parte, se encuentran las harinas sin gluten, con sus peculiaridades y características concretas.

- **Harina de arroz:**
  - Se trata de una harina más ligera que las otras, útil para rebozar y espesar.
  - Suele ser mezclada con otras harinas y es muy usada en la cocina asiática.
  - La integral posee bastantes propiedades nutricionales como fibra, vitaminas y minerales.

- **Harina de maíz:**
  - Su harina se le conoce con el nombre comercial de "maicena".
  - Muy empleado en Centroamérica.
  - Se emplea para la elaboración de cremas, salsas, postres como natillas, etc.

- **Harina de lentejas:**
  - Se trata de una harina muy nutritiva, muy empleada en la cocina hindú.
  - Se puede utilizar para crepes, tortitas o rebozados.
  - Aporta un color oscuro.

- **Harina de lino:**
  - En algunas ocasiones se emplea como sustituto del huevo, y puede ser mezclada con otras harinas.
  - Utilizada en recetas dulces y saladas.
  - Aporta ácidos grasos omega 3 y 6.

Con respecto a los usos que se les pueden dar a las harinas en pastelería y postres, se pueden destacar muchas elaboraciones de las que son un elemento básico.

En muchas ocasiones suponen el ingrediente de mayor proporción y que da sustento a la preparación. También es un elemento básico en la elaboración de panes y masas, pues se tratan de derivados de esta.

- Natilla: Se emplea harina de maíz.
- Tarta Sacher: Se utiliza harina de trigo.

- Bizcocho de zanahoria: Se cocina con harina de trigo.
- Galletas de almendra con chocolate: Adicionando harina de almendra.
- Bizcocho de limón con harina de arroz.
- Papilla de harina de arroz con frutos rojos.

1.2. Tipología de los distintos azucares y edulcorantes

El azúcar puede ser uno de los ingredientes alimentarios más básicos y empleados en la repostería para postres.

Aporta el dulzor tan característico de estos platos, pero, además de este sabor, interviene en otras reacciones que se producen durante el cocinado o amasado de las preparaciones pasteleras.

Se trata básicamente de sacarosa, un disacárido compuesto por una molécula de glucosa y otra de fructosa. Se puede obtener a través de la caña de azúcar o de la remolacha. No obstante, la mayor parte de vegetales tienen sacarosa, en mayor o menor medida.

Vocabulario

La **glucosa** es un monosacárido con fórmula molecular $C_6H_{12}O_6$. Es una hexosa, es decir, contiene 6 átomos de carbono, y es una aldosa, esto es, el grupo carbonilo está en el extremo de la molécula. Es una forma de azúcar que se encuentra libre en las frutas y en la miel.

Comercialmente se pueden encontrar diferentes tipos de azúcar:

- **Azúcar blanco:**
  - o El más común y se le considera el más puro.
  - o Contiene 99% sacarosa y es conocido como azúcar de mesa o azúcar común.

- **Azúcar glasé:**
  - o Es similar al anterior, pero finamente molido.
  - o Se le conoce como azúcar glas y se utiliza sobre todo para decoración.

- **Azúcar moreno:**
  - o Obtenido del jugo de caña de azúcar y no se refina.
  - o El color oscuro se lo debe a la melaza y está compuesto por un 96-98% de sacarosa.
  - o Nutricionalmente es igual que el azúcar blanco.

Fig. 3. El azúcar moreno difiere del blanco en que no ha sido tratado químicamente y mantiene parte del color

Además de aportar sabor dulce, el azúcar cumple otras funciones como:

- **Añade volumen:** Junto con materia grasa, permite atrapar aire y aumentar el tamaño de las elaboraciones. La acción conjunta de ambos ingredientes permite crear burbujas de aire, provocando que al ser cocidas se evaporen y liberen dióxido de carbono.

- **Actúa como inhibidor de proteínas:** Impide el desarrollo de proteínas como el gluten, proporcionando masas más suaves. También retarda la gelatinización de almidones, creando masas más suaves.
- **Ayuda al proceso de fermentación:** Se trata de un sustrato muy apreciado por las levaduras, que si se añade durante la fermentación ayudará al proceso.

Además del azúcar para endulzar se pueden emplear otras sustancias calóricas como:

- **Miel:** Sustancia viscosa y fluida dulce, que se puede solidificar y es muy higroscópica. Se produce por abejas domésticas a partir de néctar y se utiliza en elaboraciones como pestiños. Existe la miel de flores o miel de mielada.
- **Panela:** Considerado dulce en algunos países, se elabora a partir de jugo de caña de azúcar. Tiene sabor a anís y se utiliza para aportar dulzor a bebidas. También se puede diluir en caldos calientes.
- **Siropes:** Se trata de una melaza clara, de color caramelo claro. Su composición nutricional es muy similar al azúcar blanco. Se elabora a partir de la caña de azúcar y es muy empleada en repostería y pastelería industrial.
- **Dátiles:** Frutos obtenidos de la palmera datilera que aportan mucho dulzor. Generalmente son picados antes de agregarlos a la elaboración y se emplean desde hace mucho tiempo.

Por otro lado, existen una serie de ingredientes acalóricos sustitutos del azúcar:

- **Estevia:** Planta de la cual se obtiene dicho edulcorante. Se puede utilizar de diversas formas, ya sea en infusión de hojas, líquida o sólida. Presenta la característica de tener un efecto endulzante más largo que el del azúcar, además de, según la variedad, aportar notas a regaliz. Tiene poco efecto de la glucemia.
- **Sacarina:** Aporta muy pocas calorías. Ha sido utilizada ampliamente por la industria, y para cierto tipo de población hay un consumo restringido. Es muy poco soluble en agua y muy utilizada en los procesos tecnológicos de elaboración de comidas.
- **Aspartamo:** Con un alto poder edulcorante, aporta muy pocas calorías. Su uso está muy extendido en los productos light. Existe una ingesta segura de 40mg/kg día por persona.

- **Sucralosa:** Edulcorante común en alimentos, que produce un sabor dulce. Su poder edulcorante es muy grande, hasta 600 veces mayor que el azúcar. Se obtiene a partir de azúcar, pero no aporta calorías apenas. Utilizada moderadamente en cocinas.

Glucemia: Hace referencia a la cantidad de glucosa disponible en sangre. Sus valores pueden ser más altos o más bajos.

1.3. Otros ingredientes como: Huevos, levadura, leche, nata y soufflés, aceite, mantequilla y grasas entre otros

Los ingredientes que se utilizan en los postres son muy numerosos. Según la elaboración se pueden emplear unos u otros y muchas veces estas decisiones son gastronómicas o culturales más que culinarias.

La composición media de un huevo, en cuanto a valor nutricional por cada 100g, es la siguiente:

	Proteína	Grasa	Minerales
Cáscara	3	0	96
Yema	10	33	2
Clara	17	1	1

En el aspecto culinario, el huevo representa lo que se podría denominar ayudante tecnológico, ya que, como se verá, lo hacen muy útil dentro de las recetas de pastelería y repostería:

- **Capacidad ligante:** Tiene capacidad de juntar y unir todos los ingredientes que se utilizan en un plato, por ejemplo, en un bizcocho.

- **Capacidad de coagulación:** Cuando se calienta, sus proteínas forman una red que se transforma en gel, aumentando la viscosidad de la elaboración y cambiando, por lo tanto, su textura. Ocurre con el flan o pudin.
- **Capacidad espumante:** La clara del huevo, cuando es batida, crea una red con sus proteínas que adquiere esa forma tan característica del merengue. También se le añade azúcar para reforzar dicha estructura.

Dentro de los ovoproductos más comunes que se pueden adquirir en el mercado, se encuentran:

- **Huevos pasteurizados/líquidos:**
  - Deben mantenerse en refrigeración.
  - Tienen una vida útil corta una vez se abren.
  - Útiles para montar merengue.

- **Huevos congelados:**
  - Deben conservarse en congelación.
  - Tienen una vida útil corta una vez se abren.
  - Útiles para montar merengue.

- **Huevos desecados:**
  - Se pueden conservar en lugar fresco y seco.
  - Se regeneran en líquidos calientes.
  - Se adaptan a muchas preparaciones.

A su vez, las levaduras son unos hongos que tienen propiedades para realizar fermentaciones a partir de sustratos como azúcares. Son microrganismos con capacidad para realizar dos funciones y efecto en la masa:

- **Fermentaciones:** Necesita una humedad, temperatura y tiempo. Suelen aumentar el tamaño de las masas.
- **Gasificar:** Atrapan aire para incorporarlo a la masa.

Existen diferentes tipos de levadura según la preparación:

- **Levadura de panadería:** Presenta esponjosidad y firmeza, aporta buen sabor a las masas y suele ser más cara. Se puede encontrar fresca o seca. Además, requiere de tratamientos previos y es muy empleada en masas de pizzas o panes.
- **Levaduras químicas:** Es más sencilla de emplear, no requiere de tratamientos previos y es más barata. Además, no aporta sabor y no realiza fermentaciones. Se emplea en bizcochos o magdalenas.

En lo que respecta a la leche, se trata del producto líquido, de color blanquecino o amarillento proveniente de las hembras mamíferas. De esta derivan muchos otros productos como mantequilla o yogur, y es un alimento con un alto contenido en agua.

Desde el punto nutricional se destaca los siguiente:

- **Proteína:** De alto valor biológico, unos 4g/100g de producto.
- **Glúcidos:** Principalmente lactosa, unos 12g/100g de leche.
- **Lípidos:** Dependiendo del tipo de leche entre 0.6 y 3g/100 de producto.

De entre sus ventajas en el uso en pastelería para postres se puede señalar que:

- Aporta un sabor algo dulce.
- Permite que se produzca la reacción de Maillard.
- Es la base para elaboraciones como bechamel.
- Mejora colores en cortezas.
- Aporta textura en masas.
- Puede actuar de absorbente de agua.

Se puede emplear en recetas como arroz con leche, natillas, flanes o cremas inglesas. Es muy versátil y permite su integración en muchas masas. Hay que tener precauciones con respecto a su almacenamiento y siempre se deben consumir o emplear leches que hayan sido tratadas térmicamente.

Por su parte, la nata deriva de la mantequilla y se trata de un producto lácteo con gran contenido graso de color blanco o amarillento algo salada que se puede encontrar en emulsión en la leche.

Compuesta por grasa básicamente, se puede encontrar flotando en la leche entera, o bien, ser comprada como tal. Suele ser empleada en productos de repostería, sobre todo en la elaboración de cremas o rellenos, como la crema inglesa o la chantilly.

Las variedades comerciales que se pueden encontrar son muchas:

- **Nata líquida para cocinar:** Tiene entre 15 y 18% de grasa, resultando idónea para la preparación de cremas y salsas. Añade untuosidad y cremosidad a las elaboraciones, resultando ligera al gusto. Es más indicada para las elaboraciones saladas o no tan dulces.
- **Nata líquida para montar:** Debería contener un 35% de grasa. Es ideal para batirla y producir nata montada. Presente en tartas de queso, bizcocho, pasteles, etc. Aporta más sabor y olor que la anterior.
- **Nata doble:** Con un alto contenido en grasa, entre 40-80% es de las más consistentes. Fuerte sabor y olor, se emplea con muy pocas elaboraciones.

Otra elaboración parecida a la nata es el soufflé o suflé de origen francés y elaborado en horno generalmente. Se elabora a partir de una bechamel con yema y claras agregadas en punto de nieve. Muy común consumirlo en postres, si bien, se puede tomar con salados.

Fig. 4. Es común presentar el suflé en el recipiente donde se cocina

Como grasas se encuentran los aceites vegetales. Obtenidos por diversos métodos, se emplean en la repostería como sustitutos de las otras grasas. Le ocurre es que, como la mantequilla, difunden bien los sabores y olores en el alimento, además de participar en su color. Atrapa aire durante su cocción, lo que le aporta volumen a la elaboración.

Sus formas de obtención parten de un prensado o extracción y de otros procesos tecnológicos. Cuando se agregan a una elaboración aportan sus propios matices, como sabor, olor o textura.

Los tipos de aceite existentes en el mercado son:

- **De oliva virgen extra:** Aporta sabor al plato, tiene olor fuerte y es uno de los más saludables para el ser humano. Tiene muy buena composición de ácidos grasos, contiene vitaminas y antioxidantes, tolera muy bien altas temperaturas y difícilmente se enrancia. El punto de humo es 200 ºC.
- **De girasol alto oleico:** Diseñado en laboratorio, tiene características similares al de oliva. No aporta sabor, aguanta altas temperaturas y el punto de humo es 200 ºC.
- **De coco:** Aguanta bien altas temperaturas y contiene muchos ácidos grasos saturados. El punto de humo es 220 ºC.

La mantequilla es un producto lácteo emulsionado que presenta una consistencia medianamente sólida y que ha sido batida, amasada y lavada. Puede ser madurada o no mediante bacterias lácticas.

Para su elaboración hay que agitar la nata vigorosamente, provocando una ruptura de las células de la misma, permitiendo que la grasa se libere y se junte, formando el producto. Por cada parte de mantequilla, se necesitan 20 de leche.

Se trata de un elemento cremoso y delicado, que aporta unas cualidades muy interesantes a la repostería. Presenta la particularidad de absorber sabores y ciertos olores, lo que permite difundir los mismos en la elaboración.

Cuando una masa con mantequilla se hornea, la humedad de esta se evapora, libera CO_2 y las masas se levantan, como en el caso de croissants, hojaldres o pasteles daneses. Tanto es así, que el aumento de la masa es directamente proporcional a la cantidad de mantequilla.

Vocabulario

CO2: Dióxido de carbono, gas que se desprende durante la cocción de las masas con mantequilla.

Fig. 5. La mantequilla es un producto que aporta características físicas y organolépticas a los postres

En el aspecto comercial, se pueden encontrar dos tipos de mantequilla: con sal o sin sal. Cuando se va a elaborar un plato de repostería se recomienda emplear mantequilla sin sal, ya que, de esta manera, se puede controlar la cantidad de la misma que se agregará a la preparación.

Entre los usos que se le da a la mantequilla se encuentran:

- Grasa básica en repostería.
- Engrasar moldes, rustideras, moldes para tartas, etc.
- Aporta sabor y olor.
- Da consistencia en cremas y rellenos.
- Aporta textura.

Por último, como grasas adicionales, se pueden encontrar las mantecas o sebos. Ambas son grasas de origen animal terrestre y se emplean en elaboraciones muy concretas, como los mantecados.

De las más conocidas es la manteca de cerdo, obtenida a partir del tocino, y se emplea para cocciones muy largas o para cierto tipo de pastelería. Aporta mucho sabor.

Además, presenta la ventaja de mantenerse sólida a temperatura ambiente, lo que le permite ser trabajada sin dificultad, no como ocurre con la mayoría de las grasas vegetales. En sebo de ternera es empleado para la elaboración de pudin en países extranjeros.

1.4. Cacao y derivados

El cacao es un producto de origen americano, que tardó un tiempo en ser aceptado en España. Su consumo inicial era mezclado y fumado con hojas de tabaco, y posteriormente, comenzó a ser ingerido en forma de bebida.

Pasado un tiempo fue bien visto por las autoridades de la época y se comenzó a consumir mezclado con leche, azúcar y demás ingredientes, hasta crear lo que hoy día se conoce como chocolate.

Fig. 6. El fruto del cacao justo en su punto de maduración tiene una tonalidad amarillenta

En la actualidad, tanto el cacao como el chocolate gozan de mucha popularidad dentro de las pastelería y reposterías de todo el mundo, convirtiéndose en un producto casi básico de los recetarios de muchos lugares.

Por su parte, el cacao representa un ingrediente con el que se elabora el chocolate, además de ser usado como tal en cualquier elaboración.

Proveniente de una planta extensamente cultivada en Sudamérica y África, se pueden encontrar tres variedades:

- **Cacao criollo:** Cultivado en Sudamérica y en partes de Indonesia. Es de gran calidad y se usa para fabricar chocolates exquisitos.
- **Cacao campesino:** Proveniente de la zona del Amazonas y zonas de África, es un cacao de calidad media. Para aportar sabor y olor se tuesta intensamente.
- **Cacao híbrido:** Se trata de mezclas de los dos anteriores, pero en distinta proporción. Este producto se utiliza con dos fines, obtener cacao en polvo y manteca de cacao, empleados en la elaboración del tan famoso chocolate. El cacao en polvo se caracteriza por su color oscuro, sabor amargo, y está libre de sabores y olores extraños. Es empleado en decoración, como aromatizante, espesante o para aumentar la densidad calórica de las elaboraciones. La grasa del cacao es la grasa propia del producto que se deriva de la fabricación del cacao en polvo. El chocolate blanco lleva gran proporción de esta.

La información nutricional del cacao es la siguiente:

- **Calorías:** 228 kcal.
- **Grasas:** 14g.
- **Proteínas:** 20g.
- **Hidratos de carbono:** 58g.

Por otro lado, el chocolate supone la mezcla de masa de cacao, grasa de cacao y azúcar, además de otros ingredientes según convenga como leche, frutos secos, canela, etc.

Es un producto que goza de gran popularidad por su sabor agradable y dulce, y es empleado en infinidad de elaboraciones de repostería y pastelería, como relleno, cobertura, para tomar bebido, consumido sólido, en virutas, espolvoreado, etc.

EL origen de su consumo es un poco incierto y se le presupone con la llegada de Cristóbal Colón a América. No obstante, no fue hasta el siglo XVII cuando se instala la primera fábrica de chocolate en Italia.

1.5. Fruta y producto derivados

Las frutas suponen otro ingrediente más para la fabricación de platos de repostería y pastelería, y aunque lo ideal es consumirlas crudas, no son descartables para conseguir una buena elaboración.

De todas las frutas que se encuentran en el mercado es la manzana la que más se ha empleado en las preparaciones de repostería. Presenta unas ventajas que la han hecho proclive a su empleo y son numerosas las elaboraciones en las que aparece: tarta de manzana, como relleno, para decorar, etc.

Además de esta fruta, según sea la temporada, se pueden encontrar otras variedades que aportarán color, sabor, textura, etc.

En primavera, el empleo de fresas que combinan con chocolate, nata, almíbar, entre otros. Su empleo en repostería es como acompañante de crepes, en helados o como tarta de fresas. También se suele elaborar como mermeladas, conservas y otras preparaciones.

Las cerezas son otra buena opción para consumir en esta época, en forma de relleno o para decorar tartas. Las ciruelas pueden emplearse para mermeladas y compotas.

En verano, lo ideal es la combinación de fruta y frescor, con lo que, las frutas se pueden transformar en helados o sorbetes que refrescan: sorbete de sandía, helado de melón, helado de higos, etc. También de esta época es el melocotón, consumido en almíbar o empleado como elemento decorativo en muchas preparaciones.

En otoño comienzan a aparecer por los mercados las mandarinas, empleadas como zumos, jugos, reducciones o para decorar mousses. La pera es otra fruta que se comienza a dejar ver por esta época y que se puede preparar en tartas, como relleno o hervida con vino y canela. Por supuesto, en este periodo aparece la anteriormente nombrada manzana.

El invierno es una época marcada por la aparición de cítricos como naranjas o pomelos y su uso en mermeladas, jarabes o reducciones que acompañan a otras elaboraciones. También la piña es de este tiempo y su uso en pastelería como decoración o relleno es más que habitual.

Además de los usos anteriormente nombrados, la fruta se puede preparar de diferentes maneras para poder ser empleada en repostería para postres:

- **En conserva, almíbar y jugo:** Generalmente están envasadas al vacío y han sufrido procesos de esterilización. Se suelen añadir aditivos para evitar pérdida de olores y sabores y puede ser consumida como tal o parte de una elaboración.
- **Fruta deshidratada:** Se trata de piezas de fruta a la que se le elimina parte del agua. Resultan chips de fruta y aumentan su vida útil.
- **Fruta liofilizada:** Conservan el sabor, se pueden regenerar y alargan mucho la vida útil.
- **Mermelada:** Se pueden elaborar con fruta entera o troceada, y pueden ser empleadas como tal, como cobertura o relleno.
- **Confituras:** Se emplean partes como piel o pulpa, se cuece en almíbar y lleva mucho azúcar.
- **Fruta confitada:** Se elaboran a partir de un concentrado de almíbar y son muy utilizadas para decorar. Pierden toda el agua y se conservan más tiempo. Posteriormente suele escarcharse o glasearse.
- **Pulpa de fruta:** Son la mezcla de pulpas y se suele emplear para otras elaboraciones anteriormente vistas. Son sabores menos concentrados que en los remogenados.

Un ejemplo de recetas con frutas es la elaboración de un suflé de limón, cuyos ingredientes son:

- Claras.
- Leche.
- Maicena.
- Mantequilla.
- Yemas.
- Azúcar.
- Crema de leche.
- Fresas.

Su elaboración se realizaría de la siguiente manera:

1. Tamizar harina.
2. Disponer en bol y mezclar con leche.
3. Llevar a cazo y calentar.
4. Batir consistentemente.
5. Enfriar fuera del fuego.
6. Lavar, pelar y picar finamente las fresas.
7. Añadir yemas, crema, azúcar y fresas.
8. Montar claras a punto de nieve.
9. Engrasar moldes con mantequilla.
10. Verter mezcla en moldes.
11. Hornear 25 minutos a 175 ºC.
12. Enfriar.
13. Servir.

 Anotación

Hay que cocinar lo suficiente el alimento, y posteriormente, mantener en frío.

1.6. Desarrollo de conocimientos enfocados al uso de yogures, gelatinas, especias, aromatizantes y productos de decoración comestible

En este epígrafe se realizarán una serie de observaciones sobre los ingredientes alimentarios indicados al comienzo, que son parte fundamental de muchos platos de postre. Su uso se verá integrado dentro de la descripción y cocinado de los mismos.

Presenta los tres macronutrientes en proporción similar y se pueden encontrar muchas variedades: light, con trozos de frutas, con muesli, enriquecidos con vitamina, de sabores, tipo griegos, etc.

El yogur es un derivado lácteo de consistencia semi firme, sabor agrio o dulce (según se agregue edulcorante) y con aroma a lácteo. Son muy empleados en postres porque se pueden consumir como tal o bien emplearlos como ingrediente de algún que otro plato.

Con respecto a su empleo en elaboraciones para postres:

- Aporta cremosidad, sobre todo si es una versión yogur griego.
- Participa en la acción del bicarbonato de sodio.
- Puede emplearse como sustitutivo de cremas más grasas.
- Puede usarse como *topping*.
- En ciertas ocasiones puede emulsionar la masa un poco.

Las gelatinas son un producto que puede tener diferentes formas. La mayoría de ellas son incoloras, sin sabor, sin olor y quebradizas. Se trata de una proteína específica que puede cuajarse a unos 18 ºC, y si se calienta a más de 30 ºC, se consigue volver acuosa. Cuando se retorna a la temperatura anterior, vuelve a su estado sólido.

Su origen es variado: producto secundario del cuero, pieles congeladas, huesos de mamíferos grandes o cartílagos de mamíferos grandes.

Fig. 7. Las gelatinas son muy utilizadas para fabricar chucherías

Dentro de la gastronomía es muy típico su uso porque actúa como sustancia ligante, o simplemente, da forma a las elaboraciones. En algunos casos, se utiliza para dar densidad o consistencia a las salas o cremas.

No se debe olvidar que es un producto que puede ser consumido tal cual, en el mercado se pueden encontrar gelatinas con sabores que tienen muy pocas calorías.

Se pueden encontrar dos tipos de gelatinas:

- **Gelatina de origen animal:** Como se ha comentado, proviene de grandes mamíferos, de sus huesos y cartílagos, que sufren cocciones y demás procesos. Dentro de esta variedad se pueden encontrar gelatina en polvo y gelatina en hojas.
- **Gelatina de origen vegetal:** No es una gelatina como tal, pero se puede incluir en este apartado. Comprende todos aquellos compuestos extraídos principalmente de las algas que tienen capacidad coagulante.

En otro orden de ideas, el mundo de las especias juega un papel pequeño, pero importante en el mundo de la pastelería y repostería. Son varias las especias que pueden aportar sabor y olor a las elaboraciones y que son muy cotidianas entre los estantes de muchas cocinas.

- **Anís estrellado:** Se trata de una especie de localización mediterránea, aporta sabor y olor, y es utilizado como tal en las gachas o rosquillas fritas. Puede ser empleado para aromatizar almíbar y se puede consumir en forma de infusión. También el líquido de infusión puede ser agregado como ingrediente para bizcochos, magdalenas, galletas, etc.
- **Canela:** Se trata de la corteza de un árbol desecada, de origen chino y existen diferentes tipos. Es muy típica de la cocina española, aporta aroma y sabor, se puede usar en infusión y se puede comprar en rama o en polvo. Está presente en arroz con leche, natillas, pasteles árabes, etc.
- **Jengibre:** Importada de Oriente, se emplea para el pan de jengibre, saborizar galletas, infusiones, etc. Puede encontrarse en polvo y fresco, y tiene un aroma y sabor picante. Es conveniente que se use con moderación.
- **Vainilla:** De origen americano, aporta un agradable aroma y sabor a las preparaciones. Era empleada en la bebida de cacao y tiene mucha tradición en la cocina española. Se puede encontrar en vaina, en polvo o en azúcar, y se emplea en infinidad de recetas: natillas, flan, crema catalana, crema inglesa, bizcochos, etc.

Recuerda

Las especias pueden ser usadas no solo en repostería y pastelería, sino en otras recetas con otros platos.

A la hora de decorar hay que prestar una atención especial, pues es el culmen de la elaboración. Significa el paso final donde la aceptabilidad del plato por parte del comensal es clave.

La decoración debe ser adaptada a la elaboración, aportando un toque exquisito y refinado, respetando la armonía del plato.

Para decoración se pueden emplear:

- **Chocolate de cobertura:** Puede ser negro, blanco o mezcla. Puede usarse de relleno, permite cubrir elaboraciones y se deben someter a calor con precaución.
- **Trufa:** No es la trufa como tal, es mezcla de chocolate con nata y otros ingredientes. Suele servir de relleno.
- **Cacao en polvo:** No hace falta tratamiento previo para su uso y puede resultar amargo.
- **Cremas:** Se pueden usar para relleno o para decorar superficies, sobre todo en pasteles y tartas. Están la crema inglesa, natillas, crema chantilly, crema de naranja, etc.
- **Mantequilla:** Es más maleable que la mantequilla corriente y se emplea para dar brillo a las elaboraciones. Se puede extender y usar sobre cualquier superficie de repostería.
- **Azúcar glas:** Se trata de azúcar en polvo y se puede usar como ingrediente o como forma de decoración. Aporta un toque blanco al plato.
- **Caramelo:** Se puede preparar con agua y azúcar. En función del tiempo que pasa en el fuego tiene un color diferente.
- **Siropes:** Pueden emplearse para rellenar o para decorar superficialmente y se pueden elaborar a partir de reducciones.

2. Desarrollo de las habilidades y conocimientos requeridos para la elaboración de distintos postres

El profesional de la cocina y pastelería debe tener las capacidades y aptitudes adecuadas para desempeñar su trabajo. Para desarrollar las habilidades y conocimientos que se necesitan para elaborar postres, en primer lugar, el trabajador debe adquirir la cualificación que le permita obtenerlas.

Según se trate de un país u otro, estos certificados podrán variar, así como los conocimientos que se impartan en el mismo.

No obstante, e independientemente de qué materias se estudien, existen una serie de características que debe poseer aquella persona que trabaje en cocina.

Entre este tipo de capacidades se encuentran las siguientes:

- Habilidades comunicativas, ya que trabajará con varias personas y departamentos.
- Conocer los ingredientes y sus combinaciones: leche, huevo, azúcar, harinas, especias, etc.
- Dominar técnicas de amasado.
- Tener experiencia en pastas y masas, teniendo presentes aspectos como la reología.
- Creatividad en sus elaboraciones porque es importante recordar que el primer sentido que empleamos en el almuerzo es la vista.
- Buena predisposición al trabajo, una habilidad básica en cualquier trabajo no solo en cocina.
- Conocer temperaturas de cocinado en pastelería, debido a que se trabaja con alimentos muy delicados.
- Saber puntos y ebullición de fusión de los ingredientes.

En el desarrollo de las mismas es importante que se practique para poder ponerlas en conocimiento. La parte teórica puede ser aprendida en un aula y estudiada, sus características, propiedades y combinaciones.

No obstante, todo lo comprendido en la clase debe ser puesto en práctica en un lugar de trabajo, sirviendo periodos de FCT o formativos en empresas.

2.1. Adquisición de los fundamentos de las principales preparaciones básicas

Las elaboraciones que se pueden llevar a cabo en pastelería y repostería para crear postres son muy numerosas.

Su clasificación se puede hacer atendiendo a diversos factores como:

- **Festivos:** Pasteles o dulces típicos de una fiesta o periodo festivo.
- **Alimentarios:** Se preparan uno en función de la comida disponible.
- **Culturales:** La forma de cocinar o preparar un dulce depende de connotaciones que se tienen sobre el mismo.

Las elaboraciones básicas de repostería y pastelería son aquellas que se utilizan como fundamento de una receta que posteriormente se complementará con alguna otra preparación extra o ingrediente a añadir.

Por otro lado, algunas de ellas pueden ser consumidas como elaboración básica, como ocurre con el caso de la crema inglesa, puede ser empleada para relleno de un bizcocho o ser consumida con una cuchara.

Fig. 8. La crema inglesa se puede emplear como relleno o topping

Es importante que las elaboraciones básicas que se vayan a emplear como base de una elaboración, estén en armonía con la idea que debe representar el plato final.

Algunas elaboraciones básicas son:

- Masas, entre las que se incluirán las fermentadas, las secas y las masas quebradas.
- Elaboraciones a partir de huevos como cremas, yemas y merengues.
- Preparaciones a base de azúcar, almíbares y caramelos.

En el caso de las masas, su trabajo es un tanto particular. Para ellas, hay que respetar cantidades al milímetro, pues variando alguna de estas puede ocurrir que se tenga una masa diferente a lo que se pensaba.

También los tiempos de reposado son muy importantes, así se pueden obtener masas más o menos esponjosas, que eleven o no, que estén duras o blandas, etc. La levadura o impulsor químico es un ingrediente a considerar porque no todas las masas lo llevan, y ya se ha visto en otros epígrafes, que pueden encontrarse diferentes tipos según la preparación.

Para trabajar la masa hay que tener paciencia, fuerza y experiencia. Se debe tener presente la reología de esta.

Vocabulario

Reología: Parte de la física que estudia la viscosidad, la plasticidad, la elasticidad y el derrame de la materia.

Por su parte, las cremas requieren del empleo de varios ingredientes algo delicados de trabajar. El huevo, base de muchas de estas, es un alimento que mal tratado puede provocar intoxicaciones alimentarias, ya sea por consumirlo poco cocinado o por contaminación cruzada.

Los tiempos y las temperaturas son esenciales, si bien existen unos mínimos que aseguren la destrucción microbiana, pero también unos máximos para los cuales a partir de ellos la elaboración podría estropearse y transformarse en otra preparación diferente.

A su vez, el azúcar es otro elemento fundamental de los postres. Se puede encontrar presente de forma natural (como en la fruta) o ser añadido en cualquiera de sus formatos: azúcar blanco, moreno, pasta de dátil, etc.

No suele causar problemas alimentarios con respecto a intoxicaciones, sin embargo, al trabajarlo se deben tener unas ciertas precauciones:

- Agregarlo cuando se indique en la receta.
- Verter la cantidad justa.
- Sopesar cuál emplear: glas, fondant, moreno, etc.
- Al realizar almíbar y caramelo controlar temperatura y tiempo.
- Composición y elaboración.

 **Saber más**

El azúcar moreno tiene menos procesamiento y refinado que el blanco, por lo que mantiene mejor sus nutrientes, aunque las calorías son las mismas.

Ya introducidas las elaboraciones básicas de pastelería y repostería con fines de elaboración de postres, se pasa a describir cada una con mayor detalle.

Con respecto a las masas, existen una gran variedad de estas según sea su textura: seca, quebrada, fermentada, etc. Presentan la característica de poder darle forma manualmente o con medios mecánicos y las que deben ser amasadas durante mucho tiempo o, por el contrario, poco tiempo.

También su forma de conservación es muy similar en todos los casos, protegidas de la luz, guardadas en lugar fresco y seco.

Fig. 9. El hojaldre se elabora con un tipo de masa que le permite aumentar su volumen durante el horneado

Las masas secas son masas friables, con bastante peso, y se caracterizan por deshacerse y no subir como la masa del pan. En esta categoría se encuentran la quebrada o la azucarada.

La composición de ingredientes es diferente en cada una, pero comparten unos componentes en común como harina, azúcar y grasa, ya se vegetal o animal. Este tipo de masas no lleva levadura con lo que no se trabaja igual que otras, y tampoco su conservación es la misma.

Por lo tanto, se deben seguir los pasos de su elaboración con la mayor precisión posible. Lo más común es dejarlas reposar en frío una vez se han mezclado los ingredientes y se han amasado. No es interesante el someterlas a calor durante este proceso, ya que afectaría a las cualidades de esta.

Presentan la ventaja de poder ser usadas tanto para repostería saldada como dulce, teniendo presente la modificación en la cantidad usada de sal y azúcar.

Por otro lado, se encuentran las masas quebradas, que son las que se emplean como bases para pasteles y algunas galletas. Deben cubrirse bien a la hora de reposar para evitar que se resequen y no se debe trabajar mucho para evitar su endurecimiento.

La pasta para galletas o pasta sablé presenta la ventaja de poder ser cortada muy fácilmente con moldes, lo que la ha popularizado a la hora de emplearla para dar formas divertidas para los niños.

Se componen generalmente de mantequilla y se amasan de una forma concreta denominada "sablear". Se trata de trabajar solo con la palma de la mano, sin emplear los dedos, recordando que no se debe amasar en exceso simplemente hasta que resulte homogénea.

La masa quebrada se prepara con los siguientes ingredientes:

- Harina.
- Mantequilla.
- Azúcar glas.
- Huevos.
- Yemas.
- Sal.

Su elaboración se realiza de la siguiente manera:

- Tamizar harina y amasar con azúcar y sal.
- Formar volcán y verter mantequilla empomada.
- Mezclar.
- Batir huevos y agregar, volver a amasar.
- Formar bola y dejar fermentar envuelta en film.
- Amasar suavemente.
- Estirar y usar.

Existe otro tipo de masa que se categoriza en esta sección que se llama masa azucarada, y que básicamente es igual que la anterior, pero se le añade azúcar glas durante su amasado. Así se obtiene una pasta dulce ideal para elaboraciones de ese tipo.

Existe un tercer tipo de pasta muy popular, denominadas pastas de té, que pueden ser amasadas o montarse dentro de una manga pastelera para poder darles forma.

Fig. 10. Las pastas de té son un ejemplo de masas azucaradas muy populares y con diversas formas

Una masa muy importante dentro de la pastelería es el hojaldre. Se puede emplear con platos dulces y salados y su trabajo es bastante laborioso, resultado de mezclar harina con mantequilla y la superposición de diversas capas sobre sí misma, obteniendo como resultado láminas muy finas.

Un hecho importante es el de ir aplicando aire entre las diferentes capas para que estas estén presentes en gran número. Este hecho permitirá que el hojaldre suba y crezca ampliando su tamaño debido a que la grasa hierve con fuerza como para levantar las capas de masa que hay.

En tercer lugar, están las masas fermentadas, siendo aquellas a las que se le agrega un fermento y necesitan de una fermentación como paso previo a su cocción.

Una de sus características es que tienen bastante elasticidad y cuando son ingeridas presentan una textura esponjosa. Necesitan más tiempo para su elaboración, pero son bastante empleadas en cocina porque permiten crean masas dulces y saladas.

Para su creación se deben seguir unas precauciones:

- Emplear harina de fuerza, que aporta elasticidad y plasticidad.
- Disolver la levadura fresca en agua tibia.
- Disolver la sal en agua u otro líquido antes de agregarla.
- No añadir sal sobre levadura.

- Emplear un paño o *film* durante el reposado de la masa.
- En el amasado es interesante airear lo máximo posible.
- Tener presente las proporciones.
- No tocar el recipiente donde reposa la masa.

La masa de pan es un ejemplo de masa fermentable muy común.

Para la preparación de masa de pan se emplean los siguientes ingredientes:

- Harina.
- Agua.
- Levadura.
- Sal.

Para su elaboración hay que seguir los siguientes pasos:

- Tamizar harina.
- Diluir levadura en agua templada.
- Verter harina en bol, junto con sal y agua con levadura.
- Amasar.
- Cubrir con film y dejar reposar 1 hora y media.
- Trabajar la masa consistentemente.
- Dar forma.
- Hornear.

Por su parte, las elaboraciones a partir de huevos como cremas, yemas y merengues presentan una particularidad, y es que no se utilizan como base para disponer otros ingredientes encima, sino que son utilizadas como relleno, cobertura o para decorar otras elaboraciones.

La adición de huevo a una crema puede cambiar las características de la misma, sobre todo con lo que respecta a la textura. En el caso de agregar la yema solamente se obtienen texturas más sedosas y sabrosas. La adición en exclusiva de claras provoca ligereza en la elaboración, y si por último se añade el huevo, se facilita la creación de cremas.

Su composición básica es huevo, leche y azúcar, aunque pueden llevar otros ingredientes como harina, vainilla, canela, chocolate, etc.

Una crema muy común, que ya se ha nombrado anteriormente es la crema inglesa, que es una crema básica en repostería de la cual se pueden obtener otras. Es empleada para coberturas, rellenos, tartas, base para otras cremas, etc.

Siguiendo con este tipo de cremas, se encuentra la crema pastelera, un tipo de elaboración muy empleada para rellenar. La clave de este tipo de cremas es que sean sabrosas y tengan consistencia, ya que deben de servir de contraste a otro sabor como puede ser una masa. En esencia, se trata de una variante de la crema inglesa, pero con más cuerpo.

Por último, en las cremas se puede destacar la crema chantilly, que tiene una textura aireada y está compuesta con mantequilla como ingrediente principal. Necesita de frío durante su elaboración y conservación, y permite ser montada y aromatizada. Es muy empleada como cobertura o para la elaboración de adornos.

 **Saber más**

Aunque la historia de su origen es algo confusa y existen varias versiones, esta crema proviene de Francia. La historia más conocida atribuye su receta original a François Vatel, un famoso cocinero francés que deleitó con sus preparaciones a la alta sociedad francesa del siglo XVII.

Fig. 11. La manga pastelera se utiliza para incluir las cremas en las elaboraciones

Por otro lado, las yemas representan otra opción para una base de repostería, siendo bastante untuosas, suaves y dulces. No obstante, deben extremarse las precauciones al trabajar con ellas por el peligro de contaminación de microorganismos que tienen de por sí los huevos.

Se destacan tres elaboraciones con yemas:

- **Tocino de cielo:** Es un postre elaborado a base de yema de huevo caramelizada y azúcar, compacto y de color amarillo intenso.
- **Yemas confite:** Se trata de una elaboración con huevo, yemas, leche y azúcar. Muy sabrosa y fácil de preparar.
- **Sabayón:** Es una crema hecha con yema de huevo, azúcar y vino.

Para la preparación de tocino de cielo se necesitan los siguientes ingredientes:

- Yema.
- Huevo.
- Azúcar.
- Agua.

Los pasos a seguir para su elaboración son:

1. Poner cazo en fuego.
2. Agregar en orden azúcar y agua.

3. Elaborar caramelo y reservar.
4. Calentar agua en cazuela y añadir azúcar.
5. Formar almíbar, retirar y enfriar.
6. Batir yemas.
7. Incorporar a almíbar y remover.
8. Añadir huevo.
9. Remover sin parar.
10. Verter mezcla en molde.
11. Poner en baño María y cocer 30 minutos.
12. Servir.

Por otra parte, entre las elaboraciones que se pueden realizar con claras, se encuentra el merengue mezcla de estas y azúcar, batidos intensamente, y se obtiene una textura muy esponjosa y aireada. Se debe batir hasta llegar al punto de nieve, momento en el cual, la elaboración no acepta más aire.

Existen diferentes tipos de merengue:

- **Merengue francés:** Utilizado para mezclar con masas y útil para hornear. Se emplea azúcar glas (se añade al final).
- **Merengue italiano:** Se utiliza con almíbar y se añade templado. Es un merengue espeso y fuerte.
- **Merengue suizo:** Igual que los anteriores. Se bate en caliente y se emplea el baño María.

2.3. Conocimiento de factores para tener en cuenta en elaboración y conservación

La elaboración de postres requiere del dominio de una serie de factores que condicionarán el trabajo que se va a realizar. Aunque existen muchos de estos que en última instancia participan en el proceso, conviene sintetizar y analizar aquellos que cobran más importancia y que serán más fáciles de entender.

Entre los factores que determinan la elaboración y conservación están:

- Ambientales.
- Aspectos cualitativos.
- Aspectos tecnológicos.

Comenzando por el primero, el ambiente es clave en la elaboración de productos de pastelería y repostería para postres. Aspectos como temperatura, humedad o acidez pueden causar problemas en la preparación de cualquier plato.

- La temperatura en las elaboraciones pasteleras debe ser la adecuada, pues un aumento o disminución de la misma provocará la aparición de una u otra crema, masa o salsa. Hay que conocer los rangos de temperaturas a los que trabajar, teniendo presente que también se debe aplicar un mínimo en las elaboraciones para eliminar la presencia de patógenos.
- La humedad es otra causa del buen desarrollo de platos o no. Por ejemplo, una baja humedad en la masa puede provocar que las levaduras no actúen como deberían y la masa no resulte esponjosa, o viceversa.
- Por último, el pH del medio también condicionará que las bacterias puedan actuar o no, además de afectar a aspectos organolépticos como color o sabor.

A su vez, los tres aspectos se relacionan directamente con la conservación de platos. Se debe ajustar la temperatura ideal para su mejor mantenimiento en cuanto a propiedades, con una humedad relativa ambiental que se puede modificar y un pH que hay que controlar con diferentes herramientas como un peachímetro.

Fig. 12. En las masas como el pan hay que controlar el tiempo, la temperatura y el pH

En segundo lugar, los aspectos cualitativos determinan la viabilidad en cuanto a elaboración y conservación de productos. La calidad de los ingredientes con los que se está trabajando va a condicionar la manera de elaborar los platos y cómo se van a conservar.

Generalmente, los productos de mayor calidad permiten trabajar de una forma más profesional y correcta que aquellos que son de una calidad inferior, muy relacionado con el precio.

Si bien, hay productos de alta calidad que deben ser trabajados de manera muy precisa porque son algo delicados como la grasa pura de cacao.

Algunos componentes que aportan calidad a las recetas son:

- Ácidos grasos esenciales.
- Antioxidantes.
- Lecitinas.
- Café y cacao de especialidad.
- Grasa de coco y cacao puras.

Por último, pero no por ello menos importante, el desarrollo tecnológico del que se dispone marca fuertemente a todo el proceso productivo y de conservación. Lo que se pretende decir es que según se posea una maquinaria u otra, las elaboraciones podrán resultar más atractivas, estéticas, sabrosas o interesantes desde un punto de vista organoléptico.

Conseguir mayores o menores temperaturas, enfriar rápidamente, calentar en superficie, mezclar homogéneamente, emulsionar más rápido, altas temperaturas en poco tiempo, etc. Son procesos que se consiguen con cierto tipo de máquinas y herramientas que apoyan el trabajo en la cocina y que determinan en cierto grado el resultado final del postre.

2.4. Integración de las preparaciones básicas de múltiples aplicaciones a base de: azúcar, cremas, frutas, chocolate, almendras, masas y los factores a tener en cuenta en su elaboración, conservación y utilización

Además de las preparaciones básicas vistas, se pueden elaborar otras que harán las delicias de los comensales. Algunas de ellas pueden ser elaboradas empleando maquinaria y otras pueden ser preparadas a mano.

Los productos empleados en las preparaciones básicas son muy abundantes. Disgregando por partes, el azúcar ocupa pieza clave dentro de estas por su relevancia y presencia en la cocina.

De él se obtienen caramelos, almíbares, pralinés o tofes. Es importante que el azúcar se guarde en un lugar fresco y seco y las elaboraciones que se preparen a partir de este compuesto deben adaptarse a sus necesidades.

Las salsas son muy importantes dentro de la pastelería, ya que aligeran y suavizan las elaboraciones. Pueden consumirse en frío o en caliente y en su decoración se pueden utilizar biberones, lágrimas o gotas.

Las salsas son obtenidas a través de reducciones de líquidos, empleando fuentes caloríficas como baños María o cazos puestos al fuego. Otra opción es agregar un espesante, como harina o azúcar para que aporte mayor consistencia a la elaboración.

Anotación

Dependiendo del tipo de fuego que se utilice, de la temperatura y, claro está, de los alimentos que se deseen cocer, los resultados que se obtendrán cocinando al baño María serán muy diferentes.

El chocolate es otro ingrediente muy valorado dentro de la repostería, tanto sólido como en su estado líquido. Otra opción es emplear cacao en polvo o fundido para coberturas o rellenos.

Cualquier preparación que lo vaya a contener, debe saber que este solidifica a temperatura ambiente, con lo que hay que tener celeridad a la hora de trabajarlo.

El rango de temperatura ideal para conservar chocolate es 13-18 ºC con una humedad del 60% aproximadamente.

Fig. 13. El chocolate presenta unas características físicas que lo hacen propenso a ser usado en unas elaboraciones determinadas

Existen otros ingredientes como las almendras y demás frutos secos, que forman uno de los ingredientes del praliné, junto con el ya visto azúcar, que triturados forman una pasta densa, sabrosa y dulce.

Es importante eliminar la piel y la cáscara de los mismos. Se tuestan y se añaden con el azúcar en forma de almíbar.

Se puede utilizar praliné como relleno y cobertura, además de emplearlo como barrita si se trata como es debido. Tienen la ventaja de que bien hechos no se enrancian, siempre y cuando se conserven en un contenedor cerrado y en lugar seco y fresco.

Otro alimento elaborado con estos ingredientes es el crocanti, cocinado con caramelo. Presenta la característica de ser crujiente, y se emplean trozos grandes de frutos secos para su elaboración. Debe ser protegido de luz solar y almacenado en lugar fresco y seco.

 Anotación

El crocanti de frutos secos es una preparación de usos muy variados, con ella puedes acompañar tus yogures o helados e incluso utilizarlo como ingrediente de tus bizcochos y galletas.

En cuanto a frutas, se pueden elaborar diferentes preparaciones como coulís, elaboración a base de zumo o puré de frutas muy fácil de elaborar. Lo mejor es guardarla en el frigorífico, 8 días como máximo.

La fruta permite ser mezclada con otras elaboraciones como cremas, debido a su naturaleza. Lo ideal es emplear alimentos de calidad para su elaboración.

Es importante que la fruta esté madura a la hora de preparar un coulís, pues será más fácil trabajarla y tendrá mayor sabor dulce.

Fig. 14. Los coulis se pueden colocar en la base del plato o encima del mismo, según la presentación

Con respecto a las masas, como ya se ha mencionado anteriormente, existen diferentes tipos, y cada una presenta unas cualidades. En su elaboración se deben seguir al pie de la letra las indicaciones para poder obtener el resultado deseado y entre los factores que se tienen en cuenta se dan amasado, tiempo, temperaturas, orden de agregación de ingredientes y humedad.

La conservación de estas responderá a cuestiones de su naturaleza y siempre se tendrán presentes los factores anteriormente nombrados. Los usos de estas son múltiples: panes, bizcochos, tartas, bollería industrial, etc.

2.5. Conocimiento de las preparaciones básicas elaboradas a nivel industrial

Como se ha comentado en páginas anteriores, es conveniente que todas las preparaciones que se lleven a cabo en el establecimiento hostelero sean de origen casero.

Hay que evitar aquellas preparaciones industriales que puedan afear los platos que se presentan al comensal y además suelan tener sabores parecidos que son fácilmente detectables por sus paladares.

Dentro del amplio abanico de elaboraciones que se pueden encontrar dentro de este epígrafe se encuentran:

- **Profiteroles:** Se trata de pasta *choux* rellenos de nata o chocolate. Suelen venir congelados, con lo que su vida útil es muy larga. Otra opción es comprarlos refrigerados. Se deben conservar siguiendo las instrucciones de uso del fabricante.

- **Trufa:** Se trata de elaboraciones con base de chocolate. Pueden venir refrigeradas o congeladas. Algunas traen una cobertura de cacao en polvo, otras virutas de chocolate, otras rellenas, etc.

- **Hojaldre:** Hace años se preparaba con grasas hidrogenadas, pero su uso se ha limitado mucho. Vienen congeladas o frescas y son muy fáciles de trabajar, ya que permiten el relleno de cualquier alimento dulce o salado.

- **Preparaciones con chocolate:** Son decoraciones que tienen formas muy concretas, con texturas, brillos y colores muy definidos, conseguidos gracias al empleo de maquinaria industrial. Su nivel de detalle es muy preciso, tanto que un pastelero no puede competir con él. Se pueden encontrar: tejas, tulipas, cucuruchos, abanicos, tartaletas, etc.

- **Bizcochos:** Se pueden encontrar de casi cualquier sabor, tamaño y forma. Debido al bajo coste de sus materias primas, se han popularizado entre el gran público. Pueden tener rellenos o coberturas de chocolate o cremas, y pueden ser empleadas para elaborar otras preparaciones.

- **Cremas:** Suelen encontrarse en la sección de refrigerados de los establecimientos. Están elaboradas con ingredientes de baja calidad y suelen tener sabores parecidos. Se abren y se usan, requieren de refrigeración para ser conservados. Pueden venir envasados en tetra brik o tubos.

- **Tartas:** Suelen venir disgregadas en sus ingredientes más elementales o en polvo. Requieren de una adición de líquido caliente para su regeneración. Tienen sabores muy industriales. Antes de su preparación pueden ser almacenados en lugar fresco y seco. Tras su cocinado, deben ser ingeridos inmediatamente o refrigerados durante 4 días máximos.

- **Galletas:** Son uno de los productos más populares que se encuentran en los supermercados. Su versatilidad ha hecho que se puedan fabricar de cualquier forma, atrayendo al público más infantil. Pueden ir rellenas, bañadas, con cobertura, con trocitos, etc.

- **Salsas:** Se trata de reducciones de alimentos como frutas. Suelen contener aditivos para mantenerlas en condiciones y vienen refrigeradas o congeladas. Suelen tener un contenido elevado de azúcar.

Fig. 15. Las porciones de tartas suelen ser un postre común con origen pastelero

3. Comprensión de los elementos a tener en cuenta en la presentación en el plato

La presentación de platos es entendida como el momento final de una elaboración culinaria. En ella el cocinero pone en conocimiento y muestra al comensal lo que es capaz de hacer, cómo puede expresar su obra de arte alimentaria.

La experiencia es uno de los factores que mejor le van a valer a los cocineros para poder realizar presentaciones que cautiven a los comensales, y esta se consigue tras mucha práctica emplatando.

Vocabulario

Emplatar: Presentar la comida en una fuente o en un plato requiere no solo de sentido estético, sino de un conocimiento profundo de los sabores, de sus combinaciones, de las texturas, los aromas y los colores de los alimentos a servir.

Es importante que, durante el proceso de aprendizaje de emplatado, se vayan detectando qué factores son los que más gustan y menos, para en un futuro poder acertar con la presentación adecuada.

En algunas ocasiones se puede echar un ojo a creaciones de grandes chefs para inspirar en la decoración del plato, pero esto no significa que haya que copiar creaciones ajenas, quiere decir que hay que analizar el porqué de:

- Las formas elegidas.
- Los colores empleados.
- Las texturas seleccionadas.

A la respuesta de qué es la presentación de platos, se podría argumentar que sería la acción de colocar los diferentes productos o ingredientes alimentarios de una preparación en un plato u otro elemento con el fin de aportar confort al cliente para que encuentre placer y le sea fácil consumir el plato.

En un principio las presentaciones de platos eran toscas y rústicas. Consistían simplemente en lanzar la comida sobre el plato, intentando separar partes comestibles de las partes no comestibles (huesos, escamas, piel, etc.). No se prestaba demasiada atención a la disposición de los elementos.

Actualmente, y con el paso del tiempo, esta tendencia ha ido cambiando, y hoy el emplatado es uno de los puntos clave de la cocina moderna.

Se debe tener en cuenta que la presentación del plato es lo primero que al comensal le entra por la vista. De los cinco sentidos, este es el primero en entrar en juego durante la degustación de un plato. Es por ello que se debe tener especial cuidado a la hora de emplatar.

El proceso de ingesta de un alimento con respecto a los sentidos es: vista, gusto + olfato, tacto y oído.

Fig. 16. Un emplatado bien diseñado puede ayudar a controlar las porciones y evitar el desperdicio de alimentos

3.1. Desarrollo de técnicas para utilizar en función de la clase de postre

Al igual que ocurre con los platos de cocina salados, los postres necesitan de unas técnicas para poder ser elaborados. Estas técnicas comparten similitudes con los anteriores, y también se encuentran algunas que son específicas de esta rama culinaria.

A continuación, se exponen las más comunes.

A. Pesar y dosificar

La dosificación es el establecimiento de proporciones apropiadas para un fin determinado, en este caso, la elaboración de piezas panarias.

Esta estandarización puede ser manual cuando la cantidad a preparar es pequeña o automática cuando se trata de obradores industriales.

El pesado de los ingredientes se corresponde con el proceso de determinación de la cantidad de masa (kg o g) a emplear en una receta.

- **Características:** Permite conocer la cantidad o volumen de una sustancia o elemento.
- **Tipología:** Pesada digital o pesada manual.
- **Métodos:** Automatizada realizada por máquinas, o manual, realizada en básculas analógicas.
- **Aplicaciones:** En todos los ingredientes sólidos se emplean la pesada.

B. Medir volúmenes

Proceso esencial que sirve para realizar una comparación de un patrón con un objeto cuya magnitud física se quiere conocer y saber cuántas veces el patrón está contenido en dicha magnitud.

- **Características:** Permite conocer el volumen de una sustancia o elemento.
- **Tipología:** Medida digital o medida manual.
- **Métodos:** Automatizada realizada por máquinas, o manual, realizada en recipientes con medidores.
- **Aplicaciones:** En todos los ingredientes líquidos se emplean la medición.

C. Batir

Es entendido como remover con rapidez y energía una sustancia o preparación para que adquiera cierta consistencia o se mezclen sus componentes; se puede hacer manualmente o con una máquina eléctrica.

- **Características:** Permite aumentar el volumen de un ingrediente o elaboración final.
- **Tipología:** Batido manual o automático.
- **Métodos:** Automatizada realizada por máquinas, como batidoras o mezcladoras; o manual, realizada por personas con instrumentos como varillas.
- **Aplicaciones:** En cremas, rellenos, merengues, natas, etc.

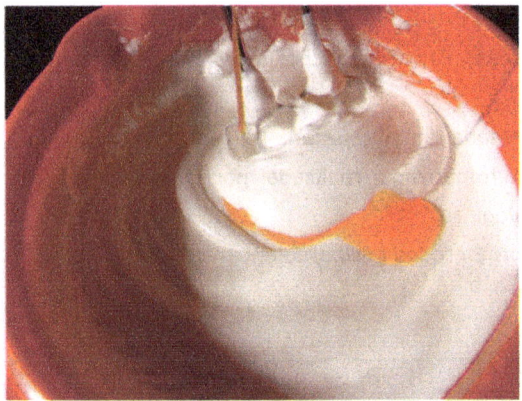

Fig. 17. El merengue se elabora con azúcar y claras batiendo energéticamente de forma manual o automática

D. Mezclar

Se trata del proceso de unificación de diversos ingredientes para conseguir una homogeneidad en el producto. Su fin es la conjunción de sabores, olores, texturas, etc.

- **Características:** Permite agregar homogéneamente cierta cantidad de ingredientes.

- **Tipología:** Mezclado manual o automático.
- **Métodos:** Automatizada realizada por máquinas, como batidoras o mezcladoras; o manual, realizada por personas con instrumentos como varillas.
- **Aplicaciones**: En cualquier ingrediente y elaboración.

E. Amasar

Se trata de la mezcla de ingredientes para la elaboración de un producto como el pan o alguna pasta y que se lleva a cabo de tal manera que le añade resistencia y permite mezclar los ingredientes de la misma de forma homogénea.

Suele llevar harina de cereal o legumbre (o mezcla de ambas) y agua. Adicionalmente puede agregarse otro ingrediente.

- **Características:** Permite agregar homogéneamente cierta cantidad de ingredientes.
- **Tipología:** Amasado manual o automático.
- **Métodos:** Automatizada realizada por máquinas, como amasadoras; o manual, realizada por personas con las manos.
- **Aplicaciones:** En cualquier ingrediente y elaboración.

F. Tamizar

Se trata de la acción de filtrar por un tamiz fino cierto tipo de sustancia. Suele corresponderse con partículas diminutas como harina o azúcar glas, pero se puede aplicar a otros elementos.

- **Características:** Permite filtrar los ingredientes a emplear.
- **Tipología:** Manual.
- **Métodos:** Manual, realizada por personas empleando tamices.
- **Aplicaciones:** Con harina, azúcar glas, etc.

G. Cocer

Se trata de un sistema de cocinado que mejora las propiedades organolépticas y sensoriales, elimina toxinas y factores antinutritivos, ejerce un efecto positivo sobre la digestión de la comida y mejora la disponibilidad de ciertos nutrientes.

- **Características:** Permite cocinar los alimentos para que cambien sus características organolépticas y nutricionales.
- **Tipología:** En medio acuoso, graso o seco.
- **Métodos:** Hervido, escalfado, escaldado, vapor, presión.
- **Aplicaciones:** Es un proceso muy común.

Anotación

La cocción es una técnica culinaria que permite modificar las características físicas de los alimentos para volverlas más digestibles.

3.2. Conocimiento en la utilización de manga, cornets y otros utensilios

Existen unos cuantos elementos de cocina que son muy utilizados para la realización de postres, y entre estos se encuentran las mangas pasteleras, cornets y otros como rodillos para las masas o espátulas para cualquier crema.

A. Rodillo

Se trata de un utensilio que permite aplanar masas principalmente, aunque puede usarse para disminuir el volumen de otras preparaciones.

Suele estar elaborado de madera y es muy común en la pastelería y repostería, aunque su uso se puede extender a otras ramas culinarias. Un ejemplo de uso es en la masa de pizza.

- **Características:** Disminuye o concentra el tamaño de las elaboraciones.
- **Tipología:** Manual o automático.
- **Métodos:** Se emplean rodillos automáticos o rodillos manuales.
- **Aplicaciones:** Masas y pastas.
- **Ejecución:** Disponer masa sobre superficie y pasar rodillo por encima con cierta fuerza.
- **Parámetros:** Fuerza y tiempo.
- **Ensayo práctico:** Disponer masa extendida y aplicar fuerza con rodillo.
- **Control:** Fuerza y tiempo.
- **Valoración resultados:** Se obtiene una masa consistente y plana.

B. Espátula

Herramienta de la que se hace uso para despegar alimentos o ingredientes de una superficie sin que se rompan, y pueden estar fabricadas con madera, plástico, silicona y acero.

Fig. 18. La espátula se emplea en muchas elaboraciones culinarias como postres

Según sea el material, serán más o menos aptas para utilizar en un lugar u otro.

- **Características:** Despega alimentos o ingredientes.
- **Tipología:** Manual.
- **Aplicaciones:** Masas y pastas.
- **Ejecución:** Despegar masas o pastas de su superficie.
- **Parámetros:** Fuerza.
- **Ensayo práctico:** Despegar masa *choux* de un mantel de silicona.
- **Control:** Fuerza.
- **Valoración resultados:** Se despega y se mantiene la integridad de la pieza.

C. Manga pastelera, cartucho o cornet

Se trata de la misma herramienta, pero con diferente capacidad:

- **Mayor capacidad:** Manga pastelera, elaboradas con algodón o plástico.
- **Menor capacidad:** Cartucho o cornet. Suelen estar hechos de fibras de papel.

En ambos casos se pueden utilizar para escudillar una pieza o bien para rellenar alguna elaboración.

- **Características:** Se emplea para rellenar.
- **Tipología:** Manual.
- **Aplicaciones:** Rellenos y piezas concretas.
- **Ejecución:** Rellenar manga con merengue.
- **Parámetros:** Fuerza y consistencia merengue.
- **Ensayo práctico:** Realizar un llenado de bollo con merengue.
- **Control:** Fuerza.
- **Valoración resultados:** Se rellena sin problema y no quedan grumos.

 **Saber más**

El origen de la manga pastelera se remonta al siglo XIX y se le atribuye al gastrónomo, cocinero y arquitecto francés, Marie-Antoine Carême, reconocido por haber sido el europeo en hacer un estudio exhaustivo de las salsas.

3.3. Aplicación de técnicas relacionadas con frutas, cremas, chocolates y otros productos y preparaciones empleados en decoración

Con la presentación de repostería y postres elementales ocurre como con los demás platos.

Se pueden señalar dos tipos de técnicas:

- **Tradicional**: No presta tanta importancia a la presentación.
- **Moderna**: Presta mucho interés a la presentación.

Ambas son importantes y se pueden usar indistintamente según se tenga un tipo de clientela u otro. No obstante, se recomienda hacer uso de la decoración moderna, pues respeta un poco más la expresión última del chef.

La forma que se elija para la elaboración debe estar en consonancia con el local y el plato que se seleccione. Aquellos con formas contorneadas, redondeadas y del estilo aportan sensación de simetría. Los platos cuadrados o rectangulares aportan sensación de rectitud y orden.

Es muy común el empleo de formas suavizadas, lágrimas en vinagreta, gotas de salsa, etc. Los moldes con formas redondeadas, así como otro tipo de formas son muy habituales. Se puede hacer uso de otros alimentos para decorar como el caso de piruletas de algún alimento, crujientes, vegetales deshidratados, etc.

Con respecto al volumen, cabe destacar que imprime ritmo, fuerza y atractivo de cara a llamar la atención del cliente. Sin embargo, hay que tener cuidado con realizar elaboraciones con mucho volumen o altura que puedan desmoronarse o resultar ridículas.

Las hojas de brotes, los crocantes, algunas hierbas frescas, chips de verduras, etc. son elementos a tener en cuenta para realzar la altura y volumen de los platos.

El equilibrio del plato hace referencia a la simetría o asimetría que se busque en su colocación. Lo más común es buscar la primera, pero es cierto que en algunas cocinas de autor se busca el sorprender a los comensales, y nada mejor que la asimetría.

Por otro lado, es buena idea jugar con el contraste de colores para resaltar unos ingredientes sobre otros.

Fig. 19. Para lograr el equilibrio de un plato hay que saber cómo armonizar los ingredientes que lo componen

En todas las elaboraciones que se vayan a decorar hay que hacer uso del sentido común. No se deben recargar aquellas que no lo merezcan. Además, no incluir muy pocos elementos decorativos, porque podrían restar valor a la preparación.

En lo que respecta a frutas, cremas, chocolates y otros productos y preparaciones empleados en decoración, se puede proceder de muchas formas, si bien, conviene clasificar los alimentos según su naturaleza para llevar un orden concreto.

A continuación, se exponen pormenorizadamente los ingredientes a emplear en algunas elaboraciones, y posibles formas de presentación de las mismas.

Aunque no son las únicas formas, son las más habituales o las que mayor partido se pueden sacar a este tipo de platos. Se ofrecen dos alternativas para poder utilizar aquella que más convenga.

Para la preparación de flan se necesitan los siguientes ingredientes:

- Huevos.
- Azúcar.
- Leche.
- Vainilla.
- Caramelo.

En cuanto a la forma de presentación se señalan las siguientes opciones:

- **Opción 1:** Sacar del molde, disponer en bol verter caramelo por encima, emplear manga pastelera con nata y decorar bordes con la misma. Espolvorear cacao en polvo.
- **Opción 2:** En plato cuadrado disponer bizcocho soletilla, desmoldar flan y poner encima del bizcocho. Con biberón verter sirope de arce creando una cruz sobre la elaboración.

Para la elaboración de natillas, los ingredientes necesarios son:

- Yemas.
- Canela.
- Azúcar.
- Leche.
- Vainilla.
- Limón.
- Maicena.
- Galleta.

En cuanto a la forma de presentación se señalan las siguientes opciones:

- **Opción 1:** Una vez elaborada se puede verter azúcar sobre la misma y emplear soplete para quemarlo. Disponer hilos finos de vaina de vainilla con pinzas.
- **Opción 2:** Verter en bol y agregar galleta finamente picada por encima. Espolvorear azúcar glas.

En cuanto a una mousse de limón, los ingredientes necesarios son:

- Nata para montar.
- Azúcar.
- Limones.
- Leche condensada.
- Ralladura de limones.

En cuanto a la forma de presentación se señalan las siguientes opciones:

- **Opción 1:** Disponer en vaso transparente y tallo alto, con una rodaja de limón colocada en el borde del vaso. Coronar con hojas de menta.
- **Opción 2:** Colocar en bol color oscuro acompañado de galletas tipo María cortadas en semicírculo y clavadas en este. Agregar miel con cuchara.

3.4. Comprensión de la importancia de la vajilla

La vajilla para los postres es un poco más simple que para el resto de las elaboraciones, en parte debido a que la cantidad de este que se prepara suele ser de menor tamaño.

También es un elemento que no suele llevar salsas muy abundantes, con lo que no es necesario emplear platos muy hondos.

Fig. 20. La presentación de los postres debe cuidarse y armonizarse con la elaboración

A pesar de ello, se pueden jugar con las formas, colores y elementos decorativos.

Otra opción es la de presentar las elaboraciones en fuentes o recipientes elegantes donde se hayan preparado y servir en mesa en platos individuales.

Entre los aspectos de la vajilla para postres a destacar se encuentran:

- **Color:**
  - o **Blanco:** Conjunta con elaboraciones de colores oscuros.
  - o **Negro:** Pega con elaboraciones que tengan colores claros.
  - o **Verde:** Podría valer para elaboraciones que tengan algún componente verde, pero no todo el plato.
  - o **Azul:** Empleado con alimentos de tonos amarillentos o blancuzcos.
  - o **Rojo:** Útil para alimentos claros o que presenten algún ingrediente rojo.
  - o **Amarillo:** Utilizado con alimentos de colores oscuros intensos.

- **Elementos decorativos:**
  - o **Círculos:** Se puede emplear para arroces con leche o preparaciones líquidas.
  - o **Cuadrados:** Por contraste se puede emplear con preparaciones que se decoren con moldes redondos o del estilo.
  - o **Dibujos:** Hay que tener cuidado con los dibujos porque pueden resaltar sobre la elaboración y restar importancia a la misma.

o **Formas geométricas variadas:** Hay que tener cuidado con los dibujos porque pueden resaltar sobre la elaboración y restar importancia a la misma.

- **Forma:**
  - o **Cuadrada:** Ideal para elementos que tengan formas definidas.
  - o **Redonda:** Ideal para elementos que no tengan formas definidas.
  - o **Rectangular:** Muy útil para poner dos alimentos sin que estén en contacto.
  - o **Honda:** Para alimentos que tengan líquido o salsas muy abundantes.

- **Otros:**
  - o **Vasos:** Empleados para servir helados con otras decoraciones.
  - o **Tarros:** Usados con yogures, gelatinas, cremas, cuajadas, etc.
  - o **Tarrinas:** Se usan para servir helados.
  - o **Cazuelas de barro:** Utilizadas sobre todo para caramelizar el azúcar de las cremas catalanas.
  - o **Moldes:** Utilizados en elaboraciones como magdalenas que si son elegantes se pueden servir en mesa delante del comensal.

Resumen

Una vez visto el módulo, se han expuesto elaboraciones de repostería y postres elementales.

Durante el tema se han estudiado las diferentes materias que componen este tipo de platos, se han visto sus características, así como, las formas de uso más común dentro de este apasionante mundo.

Se han conocido las principales herramientas, equipos y utensilios que se emplean para poder trabajar este tipo de alimentos, explicando sus funciones básicas y modos de empleo, como las espátulas o las mangas pasteleras.

Por otro lado, se han conocido las principales elaboraciones básicas útiles para los estudiantes, entendiendo por qué lo son, además, de qué tipo de postres son considerados elementales en este tipo de platos: natillas, suflé, flanes, etc.

Por último, se ha reconocido la importancia de la vajilla en cuanto a la presentación de los postres.

Módulo formativo 1. Pastelería: postres para restauración

Glosario

Celiaquía

Se caracteriza por una inflamación de la mucosa del intestino delgado como consecuencia de una intolerancia inmunológica y permanente al gluten ingerido de la cebada, del trigo, el centeno y, en aquellos que tienen predisposición genética a sufrir la enfermedad, también a la avena.

Confitería

Establecimiento donde los confiteros hacen y venden los dulces, y que a veces es también salón de té.

Pastelería

Se refiere al establecimiento donde se producen o se comercializan distintos tipos de alimentos dulces, como pasteles, tortas, tartas, facturas y otros.

Poder endulzante

Valor relativo que mide la capacidad de una sustancia de provocar sabor dulce en relación al dulzor de una solución de sacarosa en condiciones normalizadas y a la que se le atribuye el valor 100.

Reología

Parte de la física que estudia la viscosidad, la plasticidad, la elasticidad y el derrame de la materia.

Ejercicios de autoevaluación

1. ¿Cómo se define el método LIFO?

a. Este método se basa en la idea de que lo primero que se recepciona en el almacén, es lo primero en salir para su uso.

b. Lo último en entrar es lo primero en salir. El precio que se estipularía sería el de la última entrada del producto saliente.

c. Se halla el precio medio por medio de las unidades adquiridas y con el precio de las mismas.

2. ¿Qué harina es la más empleada?

a. De arroz.

b. De maíz.

c. De trigo.

3. La levadura fresca se suele emplear con:

a. Masas de panes y pizzas.

b. Bizcochos industriales.

c. Pastas como macarrones.

4. ¿Cuántos tipos de cacao existen?

a. Híbrido, criollo y campesino.

b. Cacao y chocolate.

c. Cacao blanco y cacao negro.

5. ¿Qué tipo de especias se utilizan en cocina?

   a. Anís estrellado y pimentón.
   b. Canela, anís estrellado y mayonesa.
   c. Canela y anís estrellado.

6. El ingrediente base de las cremas es:

   a. Sal.
   b. Nata.
   c. Huevo.

7. Una elaboración a base de frutas es:

   a. Culís.
   b. Hojaldre.
   c. Masa de pan.

8. Para comer, ¿qué sentidos se emplean?

   a. Vista y gusto.
   b. Tacto, gusto y vista.
   c. Todos los sentidos.

9. Las técnicas de decoración son:

   a. Tradicional.
   b. Moderna.
   c. Todas son correctas.

10.¿Cuánta grasa tiene la nata para montar?

a. 18%.

b. 25%.

c. 35%.

Módulo formativo 1. Pastelería: postres para restauración

Aplicaciones prácticas

Aplicación práctica 1. Aprovisionamiento y organización de materias primas

Módulo 1. Pastelería: postres para restauración

A la hora de comprar las materias primas para tu establecimiento de restauración tienes que determinar cómo vas a ordenar los alimentos que se van a adquirir. Es importante tener en cuenta esto, porque se podrían echar a perder aquellos que tengan una vida útil más corta que otros, con lo que deben ser consumidos en primer lugar. Por otro lado, existen alimentos con una fecha de caducidad más extensa y que pueden ser almacenados más tiempo.

Tu tarea consiste en colocar y justificar los siguientes alimentos según el método de aprovisionamiento (FIFO, LIFO):

- Harina de trigo.
- Aceite de oliva virgen extra.
- Pescado.
- Carne.
- Huevos.
- Leche.
- Zumo de naranja.
- Fresas.
- Cerezas.
- Refrescos.
- Sal.

Aplicación práctica 2. Aprovechamiento de materias primas

Módulo 1. Pastelería: postres para restauración

En tu puesto de jefe de partida de postres, el chef habla contigo y te comenta que hay mucha fruta que están a punto de caducar o que están demasiado maduras. Te comenta que sería una pena tirarlas a la basura, por lo que te pide que prepares 3 recetas en las que se pueda incluir dicha fruta y así no desperdiciarla. La fruta es la siguiente:

- Fresas.
- Melocotones.
- Plátanos.
- Manzanas.

Aplicación práctica 3. Elaboraciones de pastelería

Módulo 1. Pastelería: postres para restauración

El jefe pastelero del hotel donde trabajas te pide que le asistas para preparar merengues. Debes repasar los tipos que existen (suizo, italiano y francés) y las características que tienen cada uno para señalar la conveniencia de cada merengue con las elaboraciones que se van a preparar, que son las siguientes:

- Almíbar.
- Souflé.
- Flan.
- Tarta.
- Bizcocho.
- Cupcake.

Aplicación práctica 4. Vajilla para postres

Módulo 1. Pastelería: postres para restauración

La vajilla es un elemento esencial de cualquier mesa, tanto para el uso diario como para las ocasiones especiales. Considerada como un conjunto de elementos destinados a servir en la mesa, la vajilla tiene una función práctica, como la de servir los alimentos en cuestión, pero también puede ser un complemento decorativo para lucir un diseño completo y atractivo.

Elabora una infografía en la que se detallen los aspectos y características más relevantes que debe poseer la vajilla para postres.

Ejercicio de evaluación final

1. ¿Cómo se define repostería?

a. Se refiere al establecimiento donde se producen o se comercializan distintos tipos de alimentos dulces, como pasteles, tortas, tartas, facturas y otros.

b. Actividad llevada a cabo por un repostero. Muy similar a pastelería.

c. Establecimiento donde los confiteros hacen y venden los dulces, y que a veces es también salón de té.

2. ¿Cuáles son las harinas más comunes?

a. Trigo, centeno, cebada, avena, maíz.

b. Trigo, arroz, garbanzo, maíz.

c. Centeno, cebada, triticale, sarraceno.

3. ¿Qué caracteriza a la harina de trigo?

a. Es la más común.

b. Posee cantidades moderadas de fibra y microminerales.

c. Todas son correctas.

4. ¿Cuáles son las características de la harina de arroz?

a. Es más ligera que otras harinas y es útil para rebozar y espesar.

b. Se le suele conocer con el nombre comercial de maicena.

c. Suele dar un color verdoso a las elaboraciones.

5. ¿Qué ocurre con la mantequilla cuando se hornea?

   a. La humedad de la mantequilla se evapora y libera CO_2, provocando que la masa se levante.

   b. La humedad de la mantequilla se evapora y libera N_2, provocando que la masa se levante.

   c. La humedad de la mantequilla se solidifica y libera O_2, provocando que la masa se levante.

6. ¿Qué usos se le puede dar a la mantequilla?

   a. Engrasar moldes, rustideras, moldes para tartas, etc.

   b. Aporta sabor y olor.

   c. Todas son correctas.

7. ¿Cuántos tipos de caca existen?

   a. Cacao criollo y cacao campesino.

   b. Cacao criollo, cacao campesino y cacao híbrido.

   c. Ninguna es correcta.

8. ¿De dónde proviene la canela?

   a. De unas hojas.

   b. De unas raíces.

   c. De la corteza de un árbol.

9. ¿Para qué se emplean los biberones en decoración?

   a. Para incluir cremas y rellenos.

   b. Para crear figuras con chocolate.

   c. Para aportar gotas o lágrimas de cualquier líquido.

10.¿Qué son las masas secas?

   a. Se trata de masas friables, con bastante peso, se caracterizan por deshacerse y no subir como la masa del pan.
   b. Son masas que se emplean como bases para pasteles y algunas galletas.
   c. Masas a las que se le añade azúcar glas.

11.¿Cuál es la composición básica de las cremas?

   a. Harina, vainilla, leche, huevo y azúcar.
   b. Leche, huevo y azúcar.
   c. Chocolate, canela, vainilla, leche.

12.¿Cómo se elabora el merengue italiano?

   a. Añadiendo azúcar glas a la elaboración.
   b. Añadiendo chocolate a la elaboración.
   c. Añadiendo almíbar a la elaboración.

13.¿Con qué pasta se elaboran los profiteroles?

   a. Pasta de hojaldre.
   b. Pasta fresca.
   c. Pasta choux.

14.¿Qué ingrediente se ha retirado de las masas de hojaldre?

   a. Las grasas hidrogenadas.
   b. La harina.
   c. La sal.

15.Algunas técnicas empleadas en postres son:

   a. Batir.

   b. Mezclar.

   c. Todas son correctas.

16.¿Qué ingrediente posee la harina integral con respecto a la refinada?

   a. Fibra.

   b. Hierro.

   c. Magnesio.

17.El azúcar aporta:

   a. Salado.

   b. Dulzor.

   c. Picante.

18.La estevia se puede utilizar en forma:

   a. Líquida u hojas.

   b. Sólida o líquida.

   c. Sólida, líquida u hojas.

19.El huevo se debe comprar:

   a. Fresco.

   b. Pasado.

   c. Caducado.

20. La nata doble tiene un contenido más alto en:

a. Proteína.
b. Grasas.
c. Vitaminas.

21. El chocolate de cobertura para decorar puede ser:

a. Negro, verde o azul.
b. Azul, verde o blanco.
c. Negro, blanco o mezcla.

22. Un ingrediente básico en los almíbares es:

a. Leche.
b. Azúcar.
c. Huevos.

23. Las masas fermentadas tienen de ingrediente característico:

a. Nata.
b. Merengue.
c. Levadura.

24. El praliné se puede cocinar a partir de:

a. Naranja amarga.
b. Almendras.
c. Harina.

25.La manga pastelera en comparación con los cartuchos tiene mayor:

a. Coste.

b. Capacidad.

c. Valor.

26.Mientras reposan, las masas quebradas deben:

a. Cubrirse.

b. Hornearse.

c. Enfriarse.

27.El merengue se elabora con:

a. Claras y huevo entero.

b. Claras y azúcar.

c. Azúcar y huevo entero.

28.La crema pastelera suele utilizarse para:

a. Como base de platos.

b. Para relleno.

c. Para servir sola.

29.El pH determina la:

a. Acidez.

b. Solidez.

c. El pH no se puede aplicar en los postres.

30. La repostería es una ciencia que deriva de:

a. La física.

b. La química.

c. La culinaria.

Ejercicio de evaluación final

Solucionario

Módulo 1. Pastelería: postres para restauración

1. b
2. c
3. a
4. a
5. c

6. c
7. a
8. c
9. c
10. c

Bibliografía

Monografías

AA. VV. (2018). *Dulce: Las recetas de los grandes maestros de la pastelería.* Planeta Gastro.

> Este libro supone una exhibición impresionante de más de cien recetas que muestran la calidad de la cocina dulce, acompañadas del vino o de la bebida que mejor armoniza con los sabores, aromas, texturas y temperaturas del postre.

GALLEGOS MORA, EMMA (2019). *El gran libro de la panadería. Panes, bollería, tradiciones.* Akal.

> En este libro, se podrá encontrar las técnicas básicas y herramientas empleadas por para la elaboración de panes, bollería y demás elaboraciones de la pastelería y repostería.

MATAS MIR, BATOLOMÉ (2017). *Materias primas y procesos en panadería, pastelería y repostería.* Síntesis.

> Este manual presenta las materias primas necesarias en la profesión y los procesos de elaboración en los que intervienen, lo que proporciona los conocimientos indispensables con los que se obtendrán unas preparaciones inmejorables que deleitarán a sus consumidores y conducirán al éxito comercial de su productor.

Textos electrónicos

Escuela de hostelería de Melilla. *Recetario dulce* [En línea]. Dirección URL: <https://www.promesa.net/uploads/nuevas-descargas/201611150937-recetario-pasteleria.pdf>

Simón Palmer, María del Carmen. *La dulcería en la Biblioteca Nacional de España* [En línea]. Dirección URL:
http://www.bne.es/es/Micrositios/Exposiciones/Cocina/documentos/cocina_estudios_2.pdf